©2012 Prof. Dr. Roland Hornung. Alle Rechte vorbehalten

ISBN 978-1-291-01663-5

Fette Torte, trockene Mathematik?

Beispiele von Anwendungen der Mathematik beim guten Essen.

Roland Hornung

©2012 Prof. Dr. Roland Hornung. Alle Rechte vorbehalten

ISBN   978-1-291-01663-5

Dank an Regina für obiges Foto

Dank an Isabelle für das Titelfoto

Fette Torte, trockene Mathematik ?

Roland Hornung

Was hat fette Torte mit trockener Mathematik zu tun?

Was hat ein süßes Kaffeeteilchen mit der Mathematik zu tun, die für Viele in der Schule eher eine „saueres Fach" war ?

...nun:

Nicht jede Torte ist fett. Und Mathematik ist sicher nicht trocken!

Fette Torten sind **verderbliche Lebensmittel** und da gibt es einige wichtige Fragestellungen. Eine dieser Fragestellungen ist die

Bedarfsschätzung" bei verderblichen Lebensmitteln.

Eine andere Fragestellung ist der

Optimale Einsatz der Ressourcen

sprich der Rohstoffe.

A.) BEDARFSCHÄTZUNG

Stellt man zu wenig her, gibt es image-Probleme und entgangenen Umsatz/ Gewinn, stellt man zu viel her, muss man den Überschuss am Ende des Haltbarkeitshorizontes (oft nur ein Tag, z.B. bei Hackfleisch oder Eiersalat oder manchen Kuchen- oder Tortenarten und dgl. mehr) in den Müll entsorgen. ☹

Ein* *mögliches* *Hilfsmittel für diese Schätzung ist die **„Zeitreihen-Analyse".**

Anderswo in der Welt verhungern so viele Menschen, und hier wird so viel weggeworfen. Das sollte nicht sein. Das muss auch nicht sein, wenn man seriöse Bedarfsprognose mittels Zeitreihenanalyse anwendet.

Verderbliche Lebensmittel sind viele Konditorwaren, wie Sahnetorte, Buttercremetorten, aber auch quark- und joghurthaltiges Gebäck, pars pro toto die „Quarktasche". Im Feinkostbereich sind das mit Mozzarella oder Frischkäse gefüllte Tomaten, Eiersalat, usw.

GEGEBEN: „Zeitreihe"

Eine zeitlich geordnete Folge x_t von Beobachtungen einer Größe wird als **Zeitreihe** bezeichnet. Für jeden Zeitpunkt t einer Menge T von Beobachtungszeitpunkten liegt dabei genau eine Beobachtung vor.

Beispiel:

Die tägliche Verkaufszahl eines Produktes, z. B. die verkaufte Anzahl Krapfen pro Tag, oder Himbeertorten pro Tag (um das Titel-Foto zu würdigen) bilden je eine „Zeit--reihe"..

Diese „Zeitreihe" kann auf gewissen Eigenschaften analysiert werden und dann sinnvoll „fortgesetzt" werden in die Zukunft

Dies liefert dann eine „Prognose" für die künftige Verkaufszahl und ist somit Grundlage für eine Bedarfsschätzung.

Beispiel:

Krapfenverkaufszahlen (in einer typischen Bäcker-Filiale):

Montag	Dienstag	Mittwoch	Donnerstag	Freitag	Samstag	Sonntag
20	15	15	11	20	19	5
16	15	20	20	30	14	9
16	10	13	19	11	13	10
16	13	22	19	20	14	4
2	8	8	8	26	11	12
8	10	20	21	16	15	10

Als Linien-Grafik:

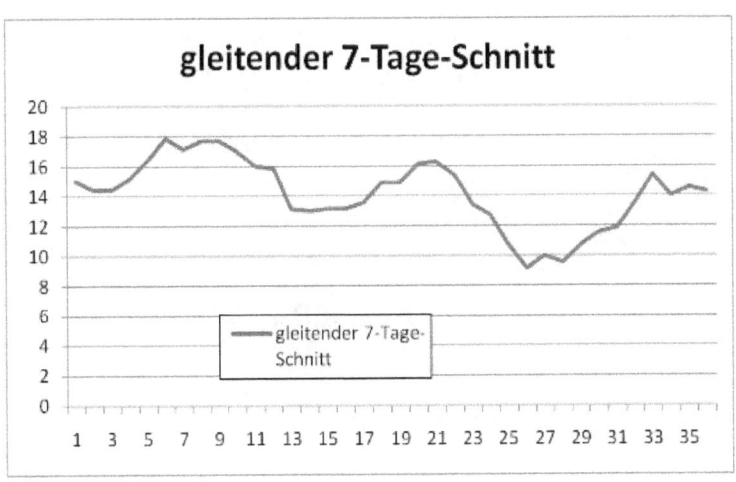

Eine brauchbare Methode für eine erste GROBE Schätzung

Die wohl beste Methode bei „schwankenden" Zahlenwerten in der Zeitreihe ist eine **trigonometrische Approximation.**

Mittels „Stichprobenspektrum" bestimmt man die mögliche Frequenz der Zeitreihe, mittels Regression die Amplituden.

Also lautet die trigonometrische Approximations-Funktion (bei unserem „Krapfen-Beispiel"):

14.2791 - 0.655409*sin(2*π*0.139535*t) - 4.22239*cos(2*π*0.139535*t)

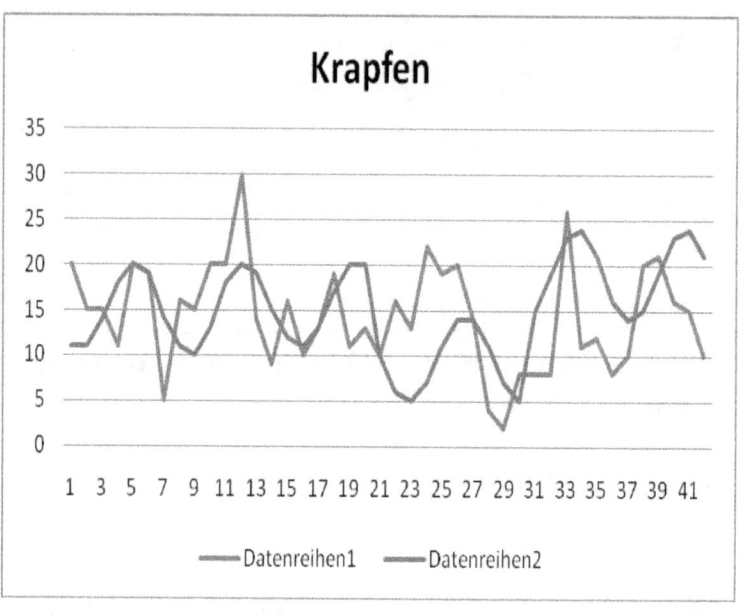

Datenreihe 1: Originaldaten,

Datenreihe 2: Trigonometrische Approximation

Diese Trigonometrische Approximation zeigt erstaunlich gute Eigenschaften.

Neben diesen quantitativen Eigenschaften einer Zeitreihe gibt es auch qualitative Kritierien für eine „Bedarfsprognose" bei verderblichen Lebensmitteln:

Urlaub/Ferien: Ein Teil der Kunden verreist und scheidet somit in dieser Zeit als Käufer aus.

Wetter: Bei "schönem" Wetter gibt es neben der Stamm-Kundschaft auch noch Lauf-Kundschaft. Diese bleibt bei schlechtem Wetter weg.

Vorfeiertage: Die Werktage vor beweglichen Feiertagen sind meist überdurchschnittliche Verkaufstage.

Substitution: Eis statt Torte, Wurstsemmel auf der Dult statt beim Metzger, usw...

B.) OPTIMALER EINSATZ DER RESSOURCEN MITTELS „LOP"

„LOP" meint dabei „Lineare Optimierung".

Wir wollen ein paar kleinere Beispiele „guten Essens" betrachten und grafisch lösen.

Beispiel 1:

Orangensaft und Orangenmarmelade

	je Flasche Orangensaft	Glas Orangenmarmelade	Vorräte
Orangen [kg]	2	1	200
Zucker	0.2	1	110
Gewinn (€)	0.20	0.25	-

Welche Anzahlen x_1 Flaschen Orangensaft und x_2 Gläser Orangenmarmelade muss man herstellen, damit der Gesamtgewinn maximal wird und die Vorräte höchstens verbraucht werden?

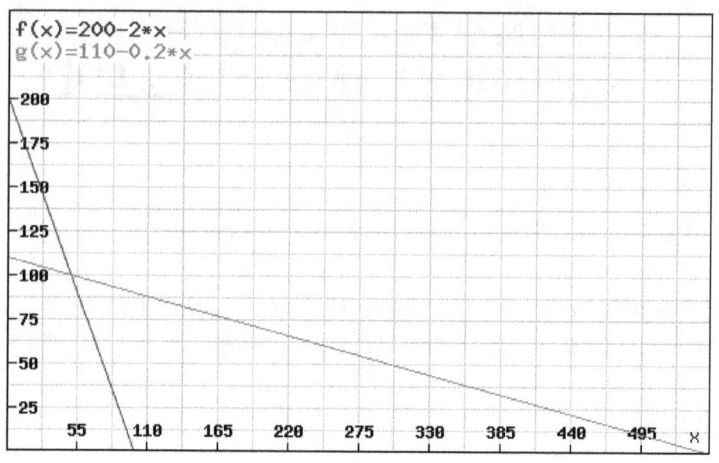

**Die optimale Lösung erhält hier man im „Schnittpunkt"
der beiden Gerade:**

Optimale Lösung:

$x_1 = 50$ Flaschen Orangensaft herstellen

$x_2 = 100$ Gläser Orangenmarmelade herstellen

Gewinn: 35.-€

Keine Rohstoff-Reste übrig

Beispiel 2:

Lekach und Baklawa

SAID will zwei Prachtsterne orientalischer süßer Nachspeisen produzieren

- **BAKLAWA** und **LEKACH** (= israelischer Rührkuchen)

Die folgende Tabelle zeigt die wichtigsten Zutaten und Details:

	Pro Portion		
	Baklawa	Lekach	Vorräte
Zucker	20	40	400 [g]
Mandeln/ Walnüsse	50	0	500 "
Zimt	5	5	60 "
Gewinn (€)	2.-	3.-	

Dieses Beispiel 2 möge der geneigte Leser grafisch lösen:

Beispiel 3:

Obstkuchen

	je Portion		
	Obstsalat	Obstkuchen	Vorräte
Bananen	1	1	7 Stück
Pfirsiche	2	4	20 Stück
Birnen	3	1	18 Stück
Gewinn (€)	1,50 -	2.-	

Wie viele Portionen x_1 Obstsalat und x_2 Obstkuchen muss man herstellen, dass der Gesamtgewinn maximal wird und die Vorräte ausreichen?

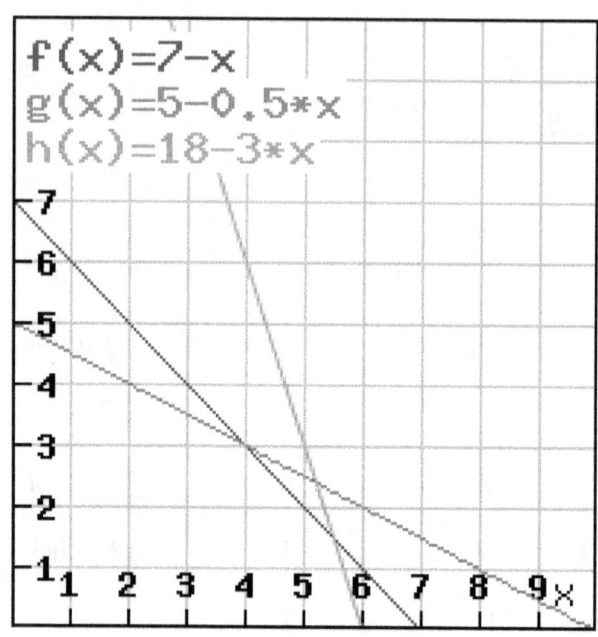

Als optimale Lösung ergibt sich dann

$x_1 = 4$ Portionen Obstsalat

$x_2 = 3$ Portionen Obstkuchen

Gewinn :   12 €

Es bleiben 3   Birnen übrig!

Beispiel 4:

Auberginensalat

Man will aus köstlichen Zutaten zwei vegetarische orientalische Zwischen-Mahlzeiten herstellen und gewinnmaximal verkaufen.

	Pro Portion		
	Rohgemüse-Salat	Auberginen-Salat	Vorräte
Auberginen	1	3	9 [Stück]
Tomaten	2	1	9 „
Paprika-Schoten	1	1	5 „
Gewinn (€)	2.-	4.-	

Welche Anzahlen x_1 Rohgemüse-Salate und x_2 Auberginen-Salate muss man herstellen, dass der Gesamt-Gewinn maximal ist und die Vorräte ausreichen?

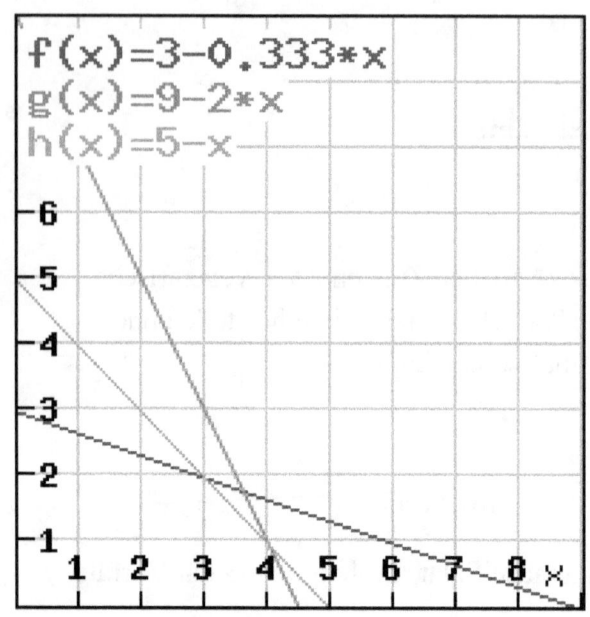

Als optimale Lösung ergibt sich:

$x_1 = 3$ Portionen Rohgemüse-Salat

$x_2 = 2$ Portionen Auberginen-Salat

Gewinn: 14 €

Es bleibt 1 Tomate übrig

Beispiel 5:

Milchschokolade und Schokoladenmilch

Je 100 g

	Milchschokolade	Schoko-Milch	Tages-Vorräte
Milch (g)	60	90	90000 (g)
Kakao (g)	35	10	35000 (g)
Gewinn(€)	0,10	0,20	-

Wie viele Tafeln Schokolade und wie viele Packungen Schoko-Milch muss man pro Tag herstellen, dass der Gewinn maximal wird und die Tages-Vorräte reichen?

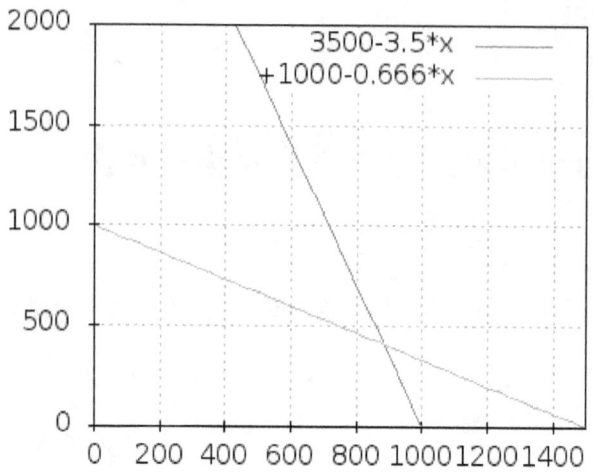

Aufgrund des „Gewinn-Verhältnisses" von 0,10 zu 0,20 ist hier die optimale Lösung auf der x_2 -Achse bei $x_2 = 1000$ (und $x_1 = 0$). Es werden also 1000 Portionen Schoko-Milch, aber keine Tafel Milchschokolade produziert. Der Gewinn ist dann 200 €, und es bleiben 25000 g Kakao übrig.

Ein abschließendes Beispiel

(Quelle: http://www.numerik.mathematik.uni-mainz.de/didaktikseminar/Gruppe7/uebung1.htm)

Landwirt:

Ein Landwirtschaftsbetrieb besitzt 90 Ar Land für den Anbau von zwei Gemüsesorten A und B. Das Saatgut A kostet pro Ar 10 € und Sorte B kostet 5 € pro Ar. Maximal möchte der Betrieb für das Saatgut 800 € ausgeben.

Um das Gemüse anzubauen, benötigt der Betrieb für die Sorte A durchschnittlich 3 Stunden, für die Sorte B 6 Stunden, wobei der Betrieb maximal 420 Stunden aufwenden kann.

Wie viel Ar von jeder Sorte sollte der Betrieb anbauen, wenn der Gewinn für Sorte A 36 € und für Sorte B 45 € beträgt, um einen möglichst großen Gesamtgewinn zu machen?

Setze x = Menge Sorte A, y = Menge Sorte B.

Lösung:

Landwirt

Defintionsbereich: x, y reelle Zahlen

Gleichungen:

$x \geq 0$
$y \geq 0$

$x + y \leq 90$ → $y \leq -x + 90$

$10x + 5y \leq 800$ → $y \leq -2x + 160$

$3x + 6y \leq 420$ → $y \leq -1/2x + 70$

Zielfunktion:

$36x + 45y = Z$ → $y = -4/5 x + Z/45$

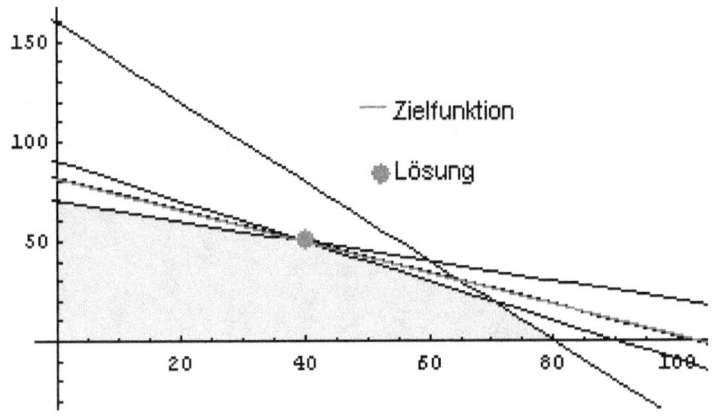

Zielpunkt: (x/ y) = (40/ 50)

Gewinn: Z = 3690 €

D.h., von Sorte A müssen 40 Ar, von Sorte B müssen 50 Ar angebaut werden!

Quellen:

1.) Roland Hornung „Kein Kuchen für den Müll", Logos 2011
2.) Reiner Horst: Mathematik für Ökonomen: Lineare Algebra (mit linearer Planungsrechnung), Oldenbourg, 1989

©2012 Prof. Dr. Roland Hornung. Alle Rechte vorbehalten

ISBN   978-1-291-01663-5

www.ingramcontent.com/pod-product-compliance
Lightning Source LLC
Chambersburg PA
CBHW072309170526
45158CB00003BA/1257